AF309155

LA BONAPARTIDE,

ou

LE NOUVEL ATTILA,

TABLEAU

HISTORIQUE ET NATIONAL,

EN VERS ET EN DOUZE LIVRES, AVEC DES NOTES A LA FIN DE CHACUN.

Par J.-F.-I. COURTOIS.

Exterminez, grand Dieu, de la terre où nous sommes,
Quiconque avec plaisir répand le sang des hommes.

VOLT., Mahom., trag., acte 3, scène 8.

LIVRE PREMIER.

Prix, 1 fr. 25 cent.

PARIS,

Chez { VERDIÈRE, Libraire, Quai des Augustins, n.º 27.
DELAUNAY, Palais-Royal.
MARTINET, Rue du Coq-Honoré.

Et se vend chez tous les marchands de nouveautés.

1818.

DE L'IMPRIMERIE D'ABEL LANOE.

NOTE DE L'ÉDITEUR.

Cet ouvrage doit être incessamment publié par souscription.

Plus historien que poète, comme il le dit très-modestement et très-judicieusement lui-même, l'auteur de *la Bonapartide* s'est attaché à décrire, avec autant de fidélité que d'impartialité, les principaux évènemens arrivés en Europe, et surtout en France, depuis le renversement de la monarchie légitime, jusqu'à son entier rétablissement, au retour de l'auguste dynastie des *Bourbons et de la Paix*.

Tout ce qui s'est passé dans le cours d'une révolution qui a pesé sur nous un quart de siècle, est du domaine de l'histoire, et sera recueilli par l'impartiale postérité; il n'appartient peut-être à aucun écrivain du temps présent de le décrire avec succès, en vers surtout; honneur, cependant, à celui qui, marchant entre tous les partis, a eu le courage d'entreprendre cette noble et pénible tâche, dans l'intention de rapprocher les extrêmes et de rallier tout au Roi et à la Patrie, dont la cause est inséparable. Quelque chose que laisse à désirer un ouvrage écrit dans un si bon esprit, l'indulgence la plus complète doit être la récompense de l'auteur estimable qui a puisé son style dans son cœur, pour réveiller en nous de nobles sentimens; aussi, le sieur Couxrois a-t-il déjà trouvé la sienne dans les nombreux souscripteurs qu'il a recueillis, et qui ont daigné encourager libéralement en lui, le chantre impartial de l'histoire et l'apôtre de la légitimité, à propager une doctrine salutaire.

Nous invitons nos lecteurs à augmenter encore cette liste de notables, parmi lesquels il a l'honneur de compter des principaux chefs de l'autorité civile et militaire, des magistrats, des littérateurs distingués, qui, indulgens pour les intentions de l'auteur, ont accueilli cet ouvrage éminemment français et concordant avec tous les principes moraux politiques et religieux.

Prix de la Souscription.

Dix fr. pour les 12 livres avec les notes à la fin de chacun; savoir: 5 fr. à l'avance, le reste à l'entière livraison de l'ouvrage, qui va paraître incessamment.

On souscrit, à Paris, chez les marchands libraires désignés au frontispice de cet exemplaire.

On ne tirera que le nombre d'exemplaires souscrits. Chaque livre de cet ouvrage se vendra 1 fr. 25 c. pour les non souscripteurs.

EPITRE AU ROI.

Souverain des Français, Monarque désiré,
Frère d'un Roi martyr si justement pleuré,
Victime ainsi que lui d'une secte rebelle,
Tes fidèles sujets à ta voix paternelle,
Se sont tous ralliés pour la seconde fois ;
Ils t'ont rendu sur eux ton empire et tes droits.
Ta bonté, ta sagesse, et ton expérience,
Seules répareront les malheurs de la France.
Tu viens d'y rétablir le règne des vertus ;
Les crimes d'Attila feront chérir Titus.
La haine des tyrans m'a dicté cet ouvrage,
Et mon premier devoir est d'en offrir l'hommage
Au fils de Saint Louis, au prince généreux
Dont l'unique désir est de nous rendre heureux.

Protecteur né des arts, si tu daignes me lire,
Si du lis radieux tu parfumes ma lyre,
Fier de voir accueillir mes timides accords
Mon cœur va se livrer aux plus nobles transports.
D'une Muse pudique agrée au moins le zèle,
Et le profond respect d'un serviteur fidèle,
Qui prit pour sa devise et sa suprême loi :
Dieu, la vertu, l'honneur, la patrie, et son Roi.

SOMMAIRE.

Bonaparte entre dans la carrière révolutionnaire. La France en
deuil du plus juste des rois, en proie à l'anarchie, à la guerre
civile, triomphe de l'Europe liguée, subjugue la Hollande, l'Italie. Le vainqueur d'Arcole part pour l'Égypte. Revers de nos armées. Mort de Championnet. L'Italie est reconquise en partie par
Suwarow, généralissime des armées russes. Retour de Buonaparte;
il renverse le Directoire, se fait nommer premier consul de la république. Passage du mont Saint-Bernard par les armées françaises.
Bataille de Marengo, gagnée par Desaix, sur les Autrichiens. Fin
tragique de ce héros. Victoire de Hohenlenden, remportée par le
général Moreau. Paix continentale ratifiée à Lunéville, en 1801.

LA BONAPARTIDE,

ou

LE NOUVEL ATTILA.

LIVRE PREMIER.

Les écrivains de Rome et de la Grèce antique
Embouchant, à leur gré, la trompette héroïque,
Ont de la Renommée épuisé les cent voix,
Pour immortaliser de coupables exploits.
Mais de ces conquérans, images du tonnerre,
Qui, de leurs noms fameux, font retentir la terre,
Le sage, exempt d'orgueil, ne peut être l'ami.
Sous leur sceptre d'airain, la nature a gémi.
Rendons, rendons plutôt un légitime hommage
Aux rois justes et bons, qui des Dieux sont l'image,
Qui, par de sages lois, gouvernant leurs sujets,
Préférant au laurier, l'olivier de la paix,

Protecteurs nés des arts, firent, dans leur patrie,
Circuler les canaux de l'heureuse industrie ;
Exempts d'ambition, et d'eux-mêmes vainqueurs,
Ils mirent leur orgueil à conquérir les cœurs,
Et, jaloux d'acquérir une solide gloire,
Enchaînant la Discorde au char de la Victoire,
Furent l'honneur du trône et l'appui de l'autel,
Et rendirent leur nom aussi cher qu'immortel.
Tels, Antonin, Titus que respecte l'envie,
Comptaient, par des bienfaits, tous les jours de leur vie.

Louis, père du peuple, et le clément Henri,
Revivaient, parmi nous, dans un prince chéri, (1)
Quand l'esprit de système et le philosophisme, (2)
Revêtus des couleurs du vrai patriotisme,
Portèrent jusqu'au trône un légitime effroi,
Et conçurent l'orgueil de régner sur leur roi.
Pour déplorer ici nos malheurs domestiques,
Secondez mes accords, Muses patriotiques !
Prêtez-moi vos accens et vos foudres vengeurs,
Et frappons, sans pitié, l'hydre de nos erreurs !

Je décris les forfaits du tyran de la France,
D'un Attila nouveau, sans vertus, sans naissance,
Dont l'audace intrépide, et les premiers succès,
Avaient conquis l'Europe et le cœur des Français ;
Lorsque les délivrant de l'horrible anarchie,
Qui seule détrôna l'antique monarchie,
Il rétablit le culte, et le code des lois,
Le commerce, les arts renaissans à sa voix ;
Mais dont l'ambition, en crimes trop féconde,
Le rendit et l'opprobre, et le fléau du monde.

Tels, dans un tube étroit, deux verres adaptés, (3)
Offrent le même objet à leurs extrémités,
Qui, selon le côté qu'on présente à la vue,
S'éloigne, se rapproche, augmente ou diminue.
Le peintre ou le poète à leur gré bien souvent,
D'un géant font un nain, d'un nain font un géant;
Mais, à la Vérité, l'historien fidèle,
Ne doit point altérer les traits de son modèle.
Il met dans la balance, auteur impartial,
Tout ce que son héros fit de bien et de mal.
Si, parmi les tyrans, en horreur à la terre,
Le cruel Attila, le farouche Tibère,
Caligula, Néron, illustres scélérats,
Il fut des qualités, pourquoi n'en parler pas?
Les hommes, en tout temps, furent partout les mêmes;
Partout les passions embrassent les extrêmes,
Et toujours on a vu chez le peuple français;
Louer aveuglément, blâmer avec excès.
Je n'imiterai pas, de peur d'être profâne,
Ces auteurs partiaux que ma Muse condamne.
Mes lecteurs, du héros sont les contemporains,
Ainsi, pour les tromper, mes efforts seraient vains.
Ne pouvant employer, au gré de mon envie,
L'aimable Fiction, l'heureuse Allégorie,
La Vérité me guide, et, dans un jour si beau,
Je marche à la lueur de son divin flambeau,
Pour signaler l'erreur, et dévoiler les crimes,
Dont la France et ses rois ont été les victimes.
J'oppose d'un tyran les excès inouis,
Les coupables fureurs, aux bontés de Louis.

Mais des guerriers français je proclame la gloire :
C'est le seul merveilleux qui convient à l'histoire.
Leurs exploits éclatans , à nos derniers neveux ,
Autant que leurs revers , paraîtront fabuleux.
Pour le vrai renonçons à d'aimables chimères ;
D'un olympe oublié les scènes mensongères ,
Au siècle qui m'entend ne peuvent convenir :
Je prétends éclairer , et non pas éblouir.
Telle on vit de Lucain la Muse triomphale ,
Chanter César vainqueur , aux plaines de Pharsale.
Trop près de ses héros , la Fable à ses discours
Refusa constamment de prêter ses secours ,
Et malgré son respect et son idolâtrie ,
Pour les dieux de Numa qu'adorait sa patrie ,
Témoin de leur silence , au gré de son désir ,
Il ne put dans ses chants , les faire intervenir.
Il vit avec douleur l'ambition d'un homme ,
Pour mieux la subjuguer , opposer Rome à Rome ;
Et jaloux de régner en dieu sur l'univers ,
A la reine du monde oser donner des fers !
La valeur de César , celle du grand Pompée ,
La vertu de Caton , jusques à l'épopée,
Élevèrent Lucain , et j'espère , aujourd'hui ,
Par Minerve conduit , arriver jusqu'à lui.
Cet auteur célébra , dans un style sublime ,
La vertu succombant sous les efforts du crime.
Plus riche en mon sujet , je chante la vertu
Triomphante du crime à ses pieds abattu.
D'accord avec Clio , céleste Polymnie ,
Répands sur mes récits ta brûlante harmonie ,

Et quand ta chaste sœur me prête ses pinceaux,
Des plus vives couleurs enrichis mes tableaux !
Calliope embouchant la trompette guerrière,
Dis comment Bonaparte entra dans la carrière,
Comment il usurpa le suprême pouvoir,
Et sur le trône enfin il parvint à s'asseoir.
A son aurore il vit notre état monarchique,
S'éclipser à l'aspect de cette république
Qui partout de la guerre allumant les flambeaux
Des meilleurs citoyens éclairait les tombeaux.
Alors la liberté n'était que la licence :
De deuil et d'échafauds elle couvrit la France ;
Et le meilleur des rois..... Ici versons des pleurs.
Régime des bourreaux et des inquisiteurs,
Ce n'est qu'en traits de sang que la main de l'histoire,
Pourra te consigner au temple de mémoire ;
De nos longues erreurs, gardons le souvenir,
Mais pour nous préparer au plus doux avenir
Des Marat, des Danton, la horde sanguinaire,
Prêche l'égalité, cette vaine chimère ;
Le peuple, sous le joug, rêvant la liberté,
Prend une fraction de souveraineté,
De l'esprit de révolte arbore les bannières,
Fait la guerre aux châteaux, laisse en paix les chaumières,
Renverse les autels, les trônes, les palais,
S'appauvrit de vertus, s'enrichit de forfaits ;
Et portant sur la France une main parricide,
Sert les projets affreux d'un sénat régicide,
Qui du sang de son prince, après s'être gorgé,
Dans celui des Français à loisir s'est plongé.

De vils séditieux, prétendent qu'on s'accorde
Sous le fatal brandon de l'horrible Discorde,
Agité dans leurs mains sur ce peuple égaré,
Sans mœurs, sans frein, sans lois, à sa fureur livré.
Mais bientôt on a vu dans son délire extrême,
Ce sénat de tyrans se détruire lui-même,
Et trois partis rivaux, dans son sein, chaque jour,
Lutter, à l'échafaud se pousser tour-à-tour. (4)
Ces membres gangrenés, de l'état qu'ils déchirent,
L'un de l'autre jaloux, contre eux-mêmes conspirent,
Et la plupart tombés en putréfaction,
Se divisent sans cesse en prêchant l'union.
Jours d'opprobre où frappant tant d'illustres victimes,
Martyrs de leur amour pour nos rois légitimes,
Par mille factions au-dedans agités,
Nous étions au dehors vainqueurs de tous côtés;
Dispersés au milieu des tempêtes publiques,
Mais ralliés autour de nos dieux domestiques,
Divisés d'intérêt comme d'opinions,
Nous combattions alors toutes les nations,
Et bravant la Discorde et sa vaine furie,
A la voix de l'honneur, au cri de la patrie,
On voyait, à l'envi, femmes, enfans, vieillards,
D'un triple mur d'airain hérisser leurs remparts,
Savoir aux ennemis les rendre inaccessibles,
Et partout triomphans, et partout invincibles,
La crainte de subir le joug de l'étranger,
Savait les réunir dans le commun danger;
Le seul mot d'esclavage excitait leurs allarmes,
Et pour la liberté tous demandaient des armes,

Tandis qu'aux champs de mars, ils volaient en héros,
On livrait leurs parens au glaive des bourreaux,
Un guerrier valeureux dont la mémoire est chère,
Moreau, sur l'échafaud, a vu monter son père ; (5)
Tandis qu'il abaissait les remparts de Courtrai,
Carrier saccageait Nante : et Lebon dans Cambrai,
Dans Arras, dans Douai, s'alimentant de crimes,
Entassait, sans compter, ses nombreuses victimes ;
Et la Loire et l'Escaut, dans leurs cours arrêtés,
Roulaient en mugissant des corps ensanglantés. (6)
Jetons un voile obscur sur les scènes tragiques
Qui souillèrent alors tant de faits héroïques.
Bonaparte compta parmi ses généraux
Moins d'émules, bientôt, que d'illustres rivaux.
Masséna, surnommé l'enfant de la victoire,
Lanne, Augereau, Berthier, compagnons de sa gloire,
Au sein de l'Italie, eurent part aux exploits
Dont le Corse orgueilleux se couvrit tant de fois.
Le modeste Moreau, ce héros, ce grand homme,
Était le Scipion de la nouvelle Rome,
Et pour la liberté qu'il embrassa d'abord,
Fut la digue opposée aux puissances du nord,
Vainquit sous Pichegru, général non moins brave,
Qui soumit la Belgique et le peuple Batave.
Tel on a vu souvent un malheureux nocher
Repoussé loin du port dont il veut approcher,
Nos ennemis nombreux refluant aux frontières
Ont de la France au Rhin entraîné les barrières.
Que de pays conquis par Moreau, Pichegru,
Que depuis, en un jour, leur rival a perdu ! (7).

Quelle fut des héros, alors, la récompense ?
Un Directoire impie, et sans reconnaissance,
Dans un lâche repos qui ressemble à l'exil,
Laissa languir Moreau ; puis sur les bords du Nil,
Envoya le vainqueur d'Arcole, et son armée
Ramena la terreur dans la France allarmée,
Proscrivit les talens, le commerce, les arts,
Et sema la discorde au sein de nos remparts ;
Choisit des généraux sans valeur, sans génie,
Dont la rapacité, mais surtout l'ineptie,
Attirèrent sur nous mille dangers divers,
Et furent le signal des plus affreux revers.
Par les cinq Directeurs, accrue et secondée,
On vit se rallumer, aux champs de la Vendée,
Cette guerre civile affreuse en ses excès,
Qui de nos ennemis secondait les projets.
Deux partis opposés, dans cette affreuse lutte,
Combattaient pour l'état, et préparaient sa chute.
Assiégée au dehors, assiégée au dedans,
Et déchirée alors par ses propres enfans,
Sur tous les points la France allait être envahie ;
Elle venait déjà de perdre l'Italie,
Dont le fier Suwarow s'était rendu vainqueur.
En vain, Championnet, ta stérile valeur
Voulut de tes soldats ranimer l'énergie,
Ces malheureux, en proie au besoin de la vie,
Par la faim, la fatigue épuisés, abattus,
Avant que de combattre étaient déjà vaincus.
Ralliant les débris d'une nombreuse armée
Jalouse de sa gloire et de sa renommée,

Tu lui donnas l'exemple , et sûs, le fer en main,
De Naples vainement te r'ouvrir le chemin.
Où t'a conduit, hélas ! ce frivole avantage ?
Sous le nombre accablé succomba ton courage. (8)
Victime de cinq rois, qu'on nommait Directeurs ,
La France était livrée aux dilapidateurs.
C'est alors que partout le cri de la patrie,
Réclamait Bonaparte , exaltait son génie. (9)
Un navire échappé des rives du Levant ,
Le ramène soudain sur notre continent.
Au-devant de ses pas, tout vole, tout s'empresse ;
Rien ne peut contenir la publique allégresse ,
Chacun brigue à l'envi le plaisir de le voir :
Son aspect dans les cœurs fait renaître l'espoir.
Par ses fausses vertûs usurpant notre hommage ,
Il vit brûler l'encens au pied de son image.
On était loin de croire en ces tems malheureux ,
Qu'il devait être un jour , pour nous si dangereux.
Ce monstre, plus cruel que Néron, que Tibère ,
Se couvrant à nos yeux d'un masque populaire ,
Nourrissait dans son cœur le germe des forfaits
Qu'ont signalé depuis ses barbares excès.
« Le voilà , disait-on , ce héros de la France ,
» Le seul digne, en effet, de notre confiance ;
» Digne soutien du peuple , et père du soldat, (10)
» Lui seul pourra changer la face de l'état ;
» Victime des complots de l'affreux Directoire
» Jaloux de ses succès, ennemi de sa gloire ,
» Dans les sables d'Égypte on le croyait perdu ;
» Mais au vœu des Français il vient d'être rendu. »(11)

Bientôt arrive enfin la fameuse journée,
Qui devait de l'état changer la destinée,
Et nous affranchissait du joug de cinq tyrans,
D'un directoire infâme, et de ses vils agens ; (12)
Ils savent que Paris contre eux trame en silence.
La sombre politique, et la froide prudence,
Au palais de Saint-Cloud transfèrent le sénat,
Qui, dans un nouveau gouffre entraînait tout l'état.
Bonaparte y paraît : Lucien y préside.
Dans l'appui fraternel en ce moment réside
L'espérance du Corse. Il prononce un discours
Dont mille cris confus interrompent le cours.
« En quel état, dit-il, je retrouve la France !
» Partout j'y vois le vol, le meurtre, la licence
» En système érigés ; le peuple perd ses droits,
» L'ordre est interverti par le sommeil des lois.
» Perfides oppresseurs, bourreaux de ma patrie
» Que vous avez livrée au deuil, à l'anarchie,
» Répondez, où sont-ils les cent mille guerriers,
» Que j'ai laissés le front ceint de nobles lauriers,
» Et qui sous nos drapeaux enchaînant la victoire,
» Étaient de cet état le soutien et la gloire ? (13)
» Ils sont morts ces héros vainqueurs de tant de rois ;
» Avec eux nous perdons le fruit de nos exploits.
» Vainement de la Seine, aux rivages du Tibre,
» J'aurai fait respecter les droits d'un peuple libre,
» Et planté de ma main ces vaillans étendards,
» Où régnaient le croissant et l'aigle des Césars ; (14)
» Aujourd'hui l'ennemi menace la frontière :
» Je vous donnai la paix, je retrouve la guerre.

» Vous avez de l'armée épuisé le trésor

» Et bu le sang du peuple en dévorant son or.

» Sybarites nouveaux, votre affreux égoïsme

» Etouffe, dans les cœurs, les germes du civisme ;

» Vos prodigalités, votre luxe insolent,

» Et des malheurs publics le tableau désolant

» Etale à nos regards le triomphe du crime,

» Et le contraste affreux des vertus qu'on opprime.

» Le vaisseau de l'état est prêt à s'engloutir,

» Et c'est pour le sauver qu'on me voit accourir.

» La France est mon berceau, ma patrie adoptive :

» Sous votre joug de fer elle gémit captive ;

» Sa voix parle à mon cœur, et je viens, inhumains,

» Arracher le pouvoir de vos coupables mains,

» Vous accabler du poids de la haine publique,

» Du plus affreux péril sauver la république,

» Rendre au peuple ses droits lâchement compromis,

» Et lui montrer en vous ses plus grands ennemis. »

Il dit, et d'un bras ferme, en pilote intrépide

Qui connaît le danger, et que rien n'intimide,

Il prend le gouvernail, ordonne aux matelots,

Dégage le navire et le remet à flots.

Tel on voit le soleil percer l'obscur nuage,

Et nous rendre le calme après un long orage.

Bonaparte bientôt, sur l'horizon français ;

Doit ramener encor le commerce et la paix.

Cachant l'ambition dont son âme est remplie,

Le Corse est proclamé sauveur de la patrie.

Nommé premier consul à l'unanimité,

Il répare nos maux avec activité,

Des lois qu'on violait rétablit l'équilibre,
Et partout reconnu pour chef d'un peuple libre ;
Législateur, guerrier, dans ses mains sont remis
Le fer sanglant de Mars, et celui de Thémis.
Mais pour joindre au laurier l'olive pacifique
Dont il veut ombrager sa couronne civique,
Son bras doit de nouveau triompher du Germain,
Qui de la France, encor, menace le destin.
Des remparts de Dijon il vole en Helvétie,
Les Alpes, ce rempart qui couvre l'Italie,
Sans arrêter sa marche arrêtent ses regards.
Il s'apprête à franchir ces hardis boulevards.
Près des champs du Valais et des plaines fécondes
Que la Doire et la Drance arrosent de leurs ondes,
Existe un mont sacré dont le front sourcilleux
En impose à la terre, et se perd dans les cieux. (15)
Sur sa crête élevée au dessus des nuages
L'homme voit à ses pieds se former les orages,
Et promène en tremblant un œil contemplateur,
Admire la nature, adore son auteur.
Là, le cœur palpitant, la paupière baissée,
Il élève vers Dieu son âme et sa pensée ;
Voit qu'il n'est qu'un atome enflé d'un vain orgueil,
Et s'humilie enfin à l'aspect du cercueil.
Au plus haut du passage il trouve un monastère, (16)
Où la religion, la piété sincère,
La modeste vertu, la tendre humanité,
Exercent les devoirs de l'hospitalité.
Là, des hommes l'ami, cet animal fidèle,
Qui d'amour et d'instinct offre un touchant modèle,

Qui précède son maître ou marche sur ses pas ,
Et pour sauver ses jours affronte le trépas ,
Le chien remplit l'auguste et sacré ministère , (17)
De guider jour et nuit le pieux solitaire ,
Chargé d'offrir l'asile et des soins généreux
Aux étrangers errans dans ces déserts affreux.
Dans ces lieux revêtus du deuil de la nature ,
Où jamais le printems n'étala sa parure ,
Ces bons religieux recueillent les débris
Des mortels malheureux qui s'y sont engloutis.
C'est là que Bonaparte a conduit son armée :
Devant ses étendards vole la Renommée.
« Fidèles compagnons , dit-il à ses soldats ,
Il faut nous préparer à de nouveaux combats ,
Reconquérir nos droits et notre indépendance ,
Rendre à notre pays la paix et l'abondance ,
Et triompher encor de ces fiers ennemis
Qu'avec moi tant de fois vos armes ont soumis.
Enflés des vains succès , accrus en mon absence ,
Ils nourrissent l'espoir de subjuguer la France.
Deux peuples alliés , l'un de l'autre jaloux ,
Semblaient n'en former qu'un pour marcher contre nous.
Leurs chefs que l'intérêt , la discorde , divisent ,
Émoussent dans leurs mains tous les traits qu'ils aiguisent : (18)
Voici l'instant de mettre aux yeux de l'univers
Un terme à leurs succès , un terme à nos revers.
Naguères Masséna sut réprimer l'audace
Du Russe dont l'orgueil encore nous menace.
Dans les champs de Zurick le fameux Suwarow
De son fier lieutenant „le vaillant Korsakow ,

N'a pu ni retarder, ni venger la défaite ;
Et lui-même forcé d'opérer sa retraite
S'en fut cacher au loin sa honte et ses débris.
Affaiblis de moitié, nos cruels ennemis
Nous opposent en vain cette barrière immense
Qui sépara toujours l'Italie et la France.
Les Alpes sous nos pas vont bientôt s'applanir
Et deux pays rivaux encor se réunir.
Le libre Helvétien , ce peuple juste et brave
Fidèle à ses sermens et de l'honneur esclave, (19)
Qui par tous les partis en tout temps respecté
Pour éviter leur choc, dans sa neutralité,
Aux vainqueurs , aux vaincus laisse un libre passage ,
Va des Français encore admirer le courage.
Ce colosse des monts, que l'on croit notre écueil,
De l'insolent Germain va foudroyer l'orgueil.
Prouvons, en gravissant sa cime inaccessible
Qu'à la valeur française il n'est rien d'impossible.
Nos lauriers, un moment, ont paru se flétrir ;
C'est sur la neige, amis, qu'il est beau d'en cueillir.
Derrière ces remparts est la terre promise ;
Marchons, et l'Italie à nos armes soumise
Une seconde fois va nous tendre les bras.
Malgré les vains efforts de mon rival Mélas (20)
Faisons rouler sur lui le char de la victoire,
Des guerriers tels que nous doivent chercher la gloire.
Dans des sentiers étroits, à Bellone inconnus,
Où ses enfans encor ne sont point parvenus. » (21)
Il dit, et dans l'instant ses troupes courageuses
Gravissent à l'envi des montagnes neigeuses

Dans des arbres creusés, pour maîtriser le sort,
Ils traînent après eux ces instrumens de mort.
Ces bronzes destructeurs, émules de la foudre,
Qui réduisent les camps et les cités en poudre.
Le vaillant Macdonald, célèbre en tant d'assauts, (22)
De ces nouveaux Titans dirigeait les travaux ;
Et le génie et l'art, rivaux de la nature,
Semblent triompher d'elle en cette conjoncture.
Ce jour te rend célèbre, auguste Saint-Bernard,
Tu servis la valeur en cet heureux hasard.
Pour la première fois ton beau tapis d'albâtre
Des jeux sanglans de Mars devint l'amphithéâtre.
Sous le même soleil les siècles ont passé
Sans émousser ton front par les frimas glacé ;
Le libre voyageur te franchit avec peine.
Une force indicible et presque sur-humaine
Au faîte de ta cime amène des guerriers
Avides d'y cueillir d'honorables lauriers.
Ces guerriers sont Français : ce qu'autre fois Carthage
Entreprit contre Rome excite leur courage.
Sur des sentiers neigeux suspendus dans les airs,
Ils volent à la gloire aux yeux de l'univers ;
Descendent dirigés par l'art et le génie,
Pour envahir plus tôt la superbe Ausonie,
Par un coup décisif en chasser les Germains
Aux regards étonnés des vulgaires humains.
Après avoir franchi ce dangereux passage,
Bonaparte conçoit le plus heureux présage.
Une secrète voix semble dire à son cœur :
» De l'Italie encor tu vas être vainqueur. «

Comme un torrent fougueux, du haut de la montagne
Il fond , suivi des siens , sur la vaste campagne ,
Et , dirigeant l'essor des bataillons français
Il se fraye un chemin à de nouveaux succès ;
La Fortune le suit , par elle protégée ,
Il rentre dans Milan , sauve Gêne assiégée ,
Puis se porte soudain sur les rives du Pô ,
Et rencontre Mélas aux champs de Marengo ;
Qui voyant des Français les troupes valeureuses
Menacer dans son camp ses phalanges nombreuses ,
A peine à concevoir par quels secrets chemins ,
Ils ont pu prévenir et tromper ses desseins.
Muse, prends la trompette , abandonne la lyre !
Impitoyable Mars , seconde mon délire ;
Prête-moi tes accens et ta mâle vigueur ,
Pour chanter des Français l'héroïque valeur ,
Et de deux camps rivaux la lutte sanguinaire !
Mille bouches d'arain, émules du tonnerre ,
Sur nos vaillans héros vomissent le trépas ,
La foudre est sur leur tête et mugit sous leurs pas.
La garde du Consul , cette garde intrépide ,
Lance et reçoit de front une grêle homicide ;
Le plomb vole au hasard , le faible atteint le fort ;
Car l'homme a su donner des ailes à la mort.
La haîne , la fureur , la discorde , la rage ,
Planent sur les deux camps et pressent le carnage ,
La victoire incertaine erre de rang en rang ,
L'acier croise l'acier , la terre boit le sang.
Mais ces remparts vivans , boulevards de la France ,
Après une honorable et vaine résistance ,

Sous des coups redoublés tombent de toutes parts ,
Et leurs débris sanglans sont sur la terre épars. (23)
Tel un fleuve qui rompt la digue qui l'enchaîne
En flots tumultueux se répand dans la plaine ,
Et tombe avec fracas dans le creux des vallons ,
Détruit du laboureur les fertiles moissons.
L'ennemi , sans obstacle , avance sa conquête ;
Dans ses projets sanglans il n'est rien qui l'arrête ;
Le faisceau consulaire aussitôt abattu ,
Le reste en combattant croit son espoir perdu.
Bonaparte déjà , signalant sa retraite ,
Allait cacher au loin sa honte et sa défaite ,
Et de ses bataillons rassemblant les débris ,
Voyait soudain sa gloire et ses lauriers flétris.
Quand tout-à-coup paraît un guerrier intrépide ,
Qui brave les dangers et que rien n'intimide.
La Gloire l'accompagne, et ce vaillant héros
Aux fuyards qu'il rallie adresse enfin ces mots.
» Français , où courez vous ? Quelle terreur panique
» Vous fait fuir à l'aspect de l'aigle Germanique ?
» C'est dans les grands dangers qu'un peuple valeureux
» Fait, pour en triompher , des efforts généreux.
» Si la patrie encore à votre cœur est chère ,
» Ecoutez par ma voix , la voix de cette mère
» Qui vous crie : *arrêtez vos frères égorgés*
» *Sont morts pour ma défense et ne sont pas vengés.*
» La gloire est devant vous, vous préférez la honte :
» Il n'est point de péril qu'un Français ne surmonte ;
» Si vous me secondez , soyez-en convaincus ,
» Ces vainqueurs d'un moment seront bientôt vaincus. »

Soudain , donnant aux siens l'exemple du courage ,
Dans les rangs ennemis il se fraie un passage
Et l'Hector Autrichien , le terrible Mélas
Sous les coups d'un rival voit tomber ses soldats ,
Par le fer abattus , comme au fort d'un orage ,
Les chênes orgueilleux tombent sur le rivage ;
Ou comme dans l'hiver la neige par flocons
Tombe , en se détachant , de la cime des monts.
Mais quel est ce guerrier brillant dans la tempête ,
Qui brave tous les traits déchaînés sur sa tête ,
Et se multipliant dans son dernier soldat ,
Fait changer tout-à-coup la face du combat ?
Ses yeux sont enflammés d'une ardente colère
Et son cœur possédé du démon de la guerre.
L'histoire l'a nommé ; c'est le vaillant *Desaix*.
La France , de ce jour lui doit tout le succès.
Aux mains des ennemis il ravit la victoire,
Et le premier Consul en eut toute la gloire.
L'Achille des Français , la fleur de nos guerriers,
Fait au Corse jaloux envier ses lauriers.
En cueillant le dernier il trouve enfin sa perte.
Sous son char triomphal sa tombe est entr'ouverte ;
Après avoir bravé les plus sanglans hasards ,
Du Germain désarmé saisit les étendards.
Héros dont la valeur devançait les années ,
Quelle fatale main trancha tes destinées ?
Sans doute tu péris par un trait clandestin
Que dirigea sur toi le bras d'un assassin. (24)
L'impitoyable Mars avait éteint sa foudre
Tes plus fiers ennemis étaient réduits en poudre ;

Le reste , après avoir épuisé tous ses traits ,
Était contraint de fuir et demandait la paix.
Tu péris au milieu de ta noble carrière ,
Regretté de l'armée et de la France entière ,
Craignant d'avoir peu fait pour la postérité ;   (25)
Mais le trépas t'enfante à l'immortalité.
Du joug de l'étranger tu sauves ta patrie
Et ta fin belliqueuse est digne de ta vie.
L'oiseau de Jupiter , l'aigle altier des Césars ,
Qui du mont Apennin fondait sur nos remparts ,
En faisant éclater une féroce joie ,
Perd pour jamais l'espoir de dévorer sa proie ,
Jette un cri de terreur , s'élève dans les airs
A travers la fumée et le feu des éclairs ,
Et partage le sort de l'aigle de Russie
Dont Masséna venait d'affranchir l'Helvétie.
Immobile témoin de ces combats divers ,
La Prusse sur la France avait les yeux ouverts ,
Et voyant abaisser l'Autriche sa rivale ,
Augmentait chaque jour sa force colossale ,
Pour l'empêcher de nuire en cette extrémité
Notre or payait le prix de sa neutralité. (26)
Mais sa cupidité , son infâme avarice ,
Doivent la mettre un jour au bord du précipice:
L'ennemi déclaré de tous les potentats ,
Doit conduire à Berlin les flots de ses soldats ,
Et fouler à ses pieds la superbe colonne
Dans les champs de Rosback érigée à Bellone ,
Pour attester le jour où *Frédéric* vainqueur
Enchaîna du Français l'indomptable valeur ,

Trophée ambitieux bientôt ton front superbe
Sera par les Français enseveli sous l'herbe.
Les timides agneaux , ainsi que les brebis ,
Iront paître , en bêlant , sur tes pompeux débris.
En attendant ce jour , Moreau dont la vaillance
Égale la sagesse et l'active prudence ,
Couronnant dans le Nord l'ouvrage de *Desaix*
Au cœur de la Bavière obtenait des succès.
L'appareil imposant de sa nombreuse armée
Du chef qui la conduit la juste renommée ,
Inspirent à-la-fois la crainte , le respect ;
Tout s'incline , tout tremble au formidable aspect
De ce nouveau Turenne ; et ses braves cohortes
S'avancent vers Munich qui leur ouvre ses portes :
Leur sage discipline y soumet tous les cœurs ;
Et partout les vaincus bénissent les vainqueurs.
L'Archiduc Charle en proie à de justes allarmes
Veut en vain s'opposer au progrès de leurs armes ,
Et l'Autriche tremblante au bruit de tant d'exploits ,
Pour obtenir la paix fait entendre sa voix ;
Mais Moreau dans l'espoir de la rendre durable
Et pour lui , pour la France , encor plus honorable ,
Par un dernier exploit prétend la conquérir :
Ses guerriers comme lui savent vaincre ou mourir ,
Et de Hohenlinden la célèbre victoire ,
Du jour de Marengo , vint compléter la gloire
Qui rejaillit encor sur le chef de l'état.
La paix continentale en fut le résultat. (27)

FIN DU LIVRE PREMIER.

NOTES DU CHANT PREMIER.

———

(1) *Louis père du peuple et le clément Henri.*

Louis XII et Henri IV semblaient revivre en effet dans Louis XVI. Ce prince convoquant les États-généraux à Versailles en 1788 pour alléger son peuple, et libérer la dette nationale, adressa à M. Necker, alors ministre des finances, ces paroles mémorables, et qui décelaient éminemment son âme paternelle : *je ne veux plus d'emprunts , je ne veux plus d'impôts.*

(2) *Quand l'esprit de système , et de philosophisme.*

Distinguons la saine philosophie, fille de la sagesse, et sœur de la raison, qui nous guide et nous éclaire, d'avec ce philosophisme erroné, comme on distingue, la religion du fanatisme, et la liberté de la licence. On ne peut nier que les écrits systématiques de beaucoup de prétendus philosophes du 18.me siècle, n'aient amené cette funeste révolution, dont les secousses violentes ont ébranlé l'Europe jusqu'en ses fondemens.

(3) *Tel dans un tube étroit deux verres adaptés.*

Je compare la poésie épique et la peinture en perspective, à une lorgnette qui éloigne , rapproche , augmente ou diminue les objets. Mais la calomnie est semblable au miscroscope , qui les grossit toujours.

(4) *Lutter à l'échafaud se pousser tour-à-tour.*

En 93 , trois partis opposés s'étaient élevés dans le prétendu sanctuaire de l'égalité : on les désignait sous les noms *du marais de la plaine,* et *de la montagne;* cette dernière était l'Etna qui vomissait la mort autour d'elle , et se minait elle-même par ses permanentes éruptions. Elle s'écroula le 9 thermidor , à la chute de Robespierre. Que ne s'est-elle abîmée dès sa naissance monstrueuse ! La France n'aurait pas à pleurer la mort du roi martyr, et celle des milliers de Français fidèles qui , pour le venger, l'ont suivi dans la nuit des tombeaux !

Moreau sur l'échafaud a vu monter son père.

Le père du vertueux Moreau fut condamné à mort en 93 , par le tribunal révolutionnaire, pour s'être appitoyé sur la mort de Louis XVI et avoir réfugié un émigré. Le jour de l'exécution, son fils remportait une victoire signalée en combattant pour la république.

(6) Roulaient en mugissant des corps ensanglantés.

Chacun est instruit des crimes de ces deux féroces représentans. Les mariages appelés par Carrier mariages républicains se faisaient en accouplant les victimes , attachées dos à dos , et précipitées dans les flots de la Loire , alors rougis du sang français.

(7) Que depuis en un jour leur rival a perdu.

La bataille de Léipsick , perdue en 1813 par Bonaparte, qui refusant obstinément la paix , attira toutes les puissances alliées dans le centre de la France.

(8) Sous le nombre accablé succomba ton courage.

Il mourut du poison à Nice, où il fut inhumé : on soupçonna le directoire de cet attentat.

(9) Regrettait Bonaparte , exaltait son génie.

(8) J'ai promis d'être historien fidèle, et je tiens parole. Le tyran commandait alors l'admiration publique. Je n'en suis ici que l'*écho*. S'il n'eût été généralement aimé , regretté, et le *Directoire* universellement haï, le général Bonaparte ne l'aurait pas si facilement renversé pour s'élever au consulat; mais en rappelant une foule d'émigrés il capta tous les suffrages. On le laissa s'emparer des rênes du Gouvernement, persuadé qu'il allait les remettre aux mains des Bourbons, nos légitimes Rois, comme il l'avait promis à l'amiral *Nelson*, qui facilita son retour d'Egypte en France ; comme il l'avait promis aux chefs de la *Vendée*, qu'il pacifia, et qu'il trompa ainsi que l'Europe alors éblouie par l'éclat de ses fausses vertus. Si l'on avait prévu qu'il voulût usurper le trône après avoir usurpé la confiance publique, il eût été jugé militairement et fusillé comme déserteur de son armée , qu'il abandonna dans les sables

brûlans de l'Arabie ; il l'eût été comme complice de la mort du général Kléber , son substitut, qui le dénonçait au Directoire , et dont le Corse fugitif reçut les dépêches en sa qualité de premier consul, et qu'il fit assassiner depuis par un mamelouck. Qu'on ne s'étonne donc pas de me voir relater ici les éloges qu'il arracha dans le temps à la multitude. Le premier écu de 5 francs frappé à son coin a dû dévoiler son ambition , et le meurtre de infortuné duc d'Enghien désiller les yeux , affliger tous les royalistes , et consolider le parti de l'usurpateur.

(10)   Digne soutien du peuple et père du soldat.

On ignorait alors que ce prétendu père des soldats venait de les abandonner aux périls les plus grands , et de faire empoisonner dans les hôpitaux les pestiférés de Jaffa, pour se dispenser de leur prodiguer les soins dus à l'humanité et au malheur ; ce n'est pas ainsi que Saint-Louis, le père des Bourbons, se conduisit avec les Français qui le suivirent dans les mêmes climats.

(11) Mais aux vœux des Français il vient d'être rendu.

On a su depuis que Bonaparte avait brigué cette expédition, dans l'espoir de conquérir l'Egypte à la tête de 40,000 braves, de couper aux Anglais leurs relations commerciales avec les peuples du Levant , de se faire couronner roi de Jérusalem, à l'aide des Arabes qu'il essaya d'insurger contre le Grand-Seigneur, en arborant le turban et prêchant l'alcoran au nom du Saint Prophète, dont il se disait l'envoyé. Lisez ses proclamations en style oriental; j'en connais une commençant par ces mots profanes:

Au nom du père qui n'a point de fils , etc.

Et voila celui qui depuis fut couronné empereur par le Saint Pontife de Rome , et proclamé le restaurateur de la religion !

Sans ses pertes multipliées aux combats d'Aboukir, sans les revers de ses armées au siége de St-Jean-d'Acre , le Corse déguisé en mahométan , aurait rendu long-tems la cour de Constantinople victime de sa mascarade.

(12) D'un directoire infâme et de serviles agens.

Plusieurs membres du conseil des anciens , en lutte avec celui des cinq cents , et le directoire, favorisèrent Bonaparte à opérer la journée du 18 Brumaire, persuadés que, fort de la confiance et

de l'appui de l'armée, lui seul pouvait sauver la France de l'anarchie : le modeste Moreau lui-même seconda son ambitieux rival,
sans prévoir son ingratitude et sa deloyauté.

(13)   Etaient de cet état le soutien et la gloire ?

Le Corse a fait son procès ce jour-là par anticipation, comme
l'a justement observé M. de Châteaubriand lors de la première
abdication de cet usurpateur ; on pouvait lui répliquer avec ses
propres paroles, et toi qu'as-tu fait depuis douze ans de l'or et
de la population européenne que tu as dévorés pour appuyer ta
cause et tes prétendus droits?

(14)   Où régnaient le Croissant et l'Aigle des Césars.

Dans les champs d'Arcole, au pont de Lodi , où , suivi d'Augereau , il planta un étendard sous les batteries de l'ennemi, qui fou-
droyaient et repoussaient les plus braves bataillons français , qui
ne tardèrent pas à suivre l'exemple de leur chef, et affrontèrent
la mort avec une intrépidité qui les fit triompher de tous les
obstacles.

(15)   En impose à la terre et se perd dans les cieux.
Le mont Saint-Bernard.

(16)   Au plus haut du passage il trouve un monastère.

Le Couvent où Bonaparte établit son quartier-général , est
situé au point le plus élevé du passage, à 750 pieds au-dessus de
la mer ; la crête du mont excède de 300 pieds le monastère.

(17)   Le chien remplit l'auguste et sacré ministère.

Je voudrais , mais en vain, trouver une épithète plus noble pour
désigner ce fidèle ami de l'homme ; malheureusement ces utiles
animaux ont été, il y a quelques années, engloutis sous la neige ,
et la race en est, dit-on, perdue.

(18)   Emoussent dans leurs mains tous les traits qu'ils aiguisent.

En 99, le prince Charles, par une suite de la mésintelligence qui
régnait entre les deux armées, détacha les 40 mille Autrichiens qu'il
commandait, et alla mettre le siége devant Philisbourg. Korsakow
général russe, affaibli par cette division , et livré à ses seules forces,
fut complètement battu par Massena , près de Zurick. Suwarow

accourant du centre de l'Italie au secours de son lieutenant-géné-
ral, eut le même sort, en voulant traverser la Suisse. Les troupes
françaises se couvrirent de gloire en combattant quinze jours contre des forces supérieures. Les deux armées russes mises en plei-
ne déroute, ne purent se rallier qu'après leur entière défection,
et Suwarow ne survécut pas à sa gloire flétrie.

(19) Fidèle à ses sermens, et de l'honneur esclave.

Les Suisses l'ont particulièrement prouvé dans la journée du 10
août, où la plupart sont morts au poste de l'honneur, et victimes
de la foi du serment.

(20) Malgré les vains efforts de mon rival Mélas.

Mélas, général en chef de l'armée autrichienne, faisait le siége
de Gênes, dont il allait s'emparer au moment où Buonaparte ef-
fectuait ce passage pour aller au secours de la garnison française
épuisée de forces et de munitions. Il s'empara primitivement de
Milan et fit lever le blocus de Gênes: tels furent les préliminai-
res de la célèbre bataille de Marengo

(21) Où ses enfans encor ne sont point parvenus.

Annibal franchit les Alpes le premier, en marchant contre
Rome; mais ce ne fut point au mont Saint-Bernard qu'il effectua
ce terrible passage.

(22) Le vaillant Macdonald célèbre en tant d'assauts.

Ce général couvert de gloire et d'honneurs, semble avoir toujours été réservé pour les grandes expéditions. Le licencîment de
l'armée de la Loire n'était pas moins difficile à opérer sans effusion
de sang, que le passage du mont Saint-Bernard.

(23) Et leurs débris sanglans sont sur la terre épars.

La Garde consulaire que Bonaparte appelait *sa redoute de
granit*, se couvrit d'une gloire immortelle, en résistant seule et
long-temps au choc de l'armée autrichienne qui s'acharnait à la détruire. Ces braves, sans reculer d'un pas, et resserrant leurs rangs
éclaircis par l'ennemi, formaient encore après leur mort un carré
qui attestait leur indomptable valeur.

(24) Sans doute tu péris par un trait clandestin
   Que dirigea sur toi le bras d'un assassin.

Vers les 4 heures du soir l'armée française, battue sur tous les
points, se repliait en désordre, quand Desaix, ralliant les fuyards,
enfonça le centre de l'ennemi , culbuta ses escadrons, et ramena la
victoire sous nos drapeaux. Mais au moment de son triomphe il reçut, dit-on, le coup mortel entre les deux épaules, quand l'ennemi
auquel il faisait toujours face avait cessé son feu et demandait à
parlementer. On soupçonna Bonaparte d'avoir dirigé ce coup, porté
par une main française, autant pour se venger de ce général, qui
blâmait hautement sa conduite en Egypte , que pour s'attribuer
l'honneur de cette journée. Quoi qu'il en soit , Desaix fit une fin
glorieuse sur le champ de bataille où il venait de s'illustrer par les
plus beaux faits d'armes , en préservant sa patrie du joug de
l'Etranger.

(25)   Craignant d'avoir peu fait pour la postérité.

Le héros expirant adressa ces paroles à ceux qui l'entouraient,
*Allez dire au premier Consul que je meurs avec le regret de n'avoir
point fait assez pour la France et pour la postérité.*

(26)   Notre or payait le prix de sa neutralité.

Chacun sait que le Directoire paya long-temps au roi de Prusse
le prix de la neutralité. Ce prince y gagnait doublement : d'un côté
il palpait les millions de la France, et de l'autre il voyait avec com-
plaisance abaisser l'Autriche sa superbe rivale, sans se douter qu'un
jour l'Usurpateur irait à son tour ravager ses Etats ; et que la bataille
d'Jena le mettrait à deux doigts de sa perte. Il s'en est bien vengé
depuis ; *et vice versâ.*

(27)   La paix continentale en est le résultat.

Joseph Bonaparte , alors conseiller d'état , fut chargé de négo-
cier le traité de paix avec l'Allemagne : il fut conclu à Lunéville,
et ratifié à Paris en 180